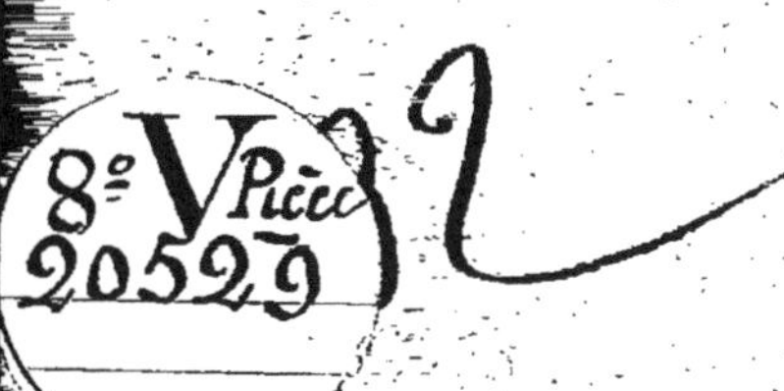


Commandant PAMARD

INTRODUCTION A L'ÉTUDE DE L'HISTOIRE

# Tactique et Organisation de l'Armée

PARIS
CHARLES-LAVAUZELLE & Cie
Éditeurs militaires
*124, Boulevard Saint-Germain, 124*

MÊME MAISON A LIMOGES

1921

Commandant PAMARD

INTRODUCTION A L'ÉTUDE DE L'HISTOIRE

# Tactique et Organisation de l'Armée

PARIS
CHARLES-LAVAUZELLE & Cie
Éditeurs militaires
*124, Boulevard Saint-Germain, 124*

MÊME MAISON A LIMOGES

1921

INTRODUCTION A L'ÉTUDE DE L'HISTOIRE.



# Tactique et Organisation de l'Armée

## I.

De tous temps, les hommes se sont battus entre eux; de tous temps la guerre a existé, et malheureusement l'ère de la paix éternelle n'est pas encore arrivée. Il y a donc lieu d'étudier la manière de faire la guerre.

Le but de la guerre consiste toujours à briser la volonté de l'adversaire pour l'amener à accepter les conditions du vainqueur. C'est là une question morale évidemment; mais il serait puéril de nier que les questions matérielles n'ont pas une influence considérable sur le moral, et, de fait, il nous faut reconnaître que l'homme a déployé une merveilleuse fertilité d'esprit pour perfectionner les moyens de se détruire.

Avec l'idée de guerre est née celle de l'armée, car il fallait bien des hommes capables de faire la guerre. Jusqu'à la Révolution, l'armée fut une armée de mercenaires, instruments de prix à la solde du souverain, que ses finances ne lui permettent pas toujours de remplacer facilement et que, par conséquent, il ne se soucie pas de compromettre inutilement. On ne cherchera donc pas à anéantir les forces de l'adversaire dans une bataille coûteuse; on s'efforcera de diminuer ses ressources par la prise d'une ville importante, l'occupation d'une province.

Cependant, il arrive que les armées se rencontrent; il y a bataille.

Ce fut tout d'abord le choc brutal, sans art, où l'emportent le courage, l'audace, l'adresse; c'est une mêlée où chacun agit un peu à sa guise.

Mais, avec l'apparition des armes à feu, avec leur perfectionnement progressif, cette mêlée est devenue de plus en plus difficile. L'homme a compris qu'il y avait intérêt, d'une part, à utiliser les armes avec leur maximum de rendement; d'autre part, à se mouvoir dans les formations les moins vulnérables. C'est ainsi qu'est né l'emploi des armes, la tactique.

Mais, du moment qu'on ne fera plus appel uniquement au courage individuel de l'homme, mais à la manœuvre, l'armée deviendra un instrument de plus en plus perfectionné, agissant avec précision sous la volonté de son chef. Et ceci nécessitera une organisation de plus en plus complète et minutieusement étudiée.

La composition de l'armée et la tactique sont donc fonctions l'une de l'autre, et il est intéressant de suivre leur évolution depuis le XVIIIe siècle jusqu'à nos jours.

Nous allons donc étudier rapidement les caractères généraux de la guerre et, par conséquent, de l'armée :

1° Au XVIIIe siècle;

2° Pendant la Révolution;

3° Pendant l'Empire;

4° De 1815 à 1870.

La guerre de 1914 et l'organisation de l'armée en 1918 feront l'objet de conférences spéciales.

## II. — L'armée au XVIIIe siècle.

### RECRUTEMENT.

L'armée se recrutait par enrôlements volontaires à

prix d'argent, parmi les nationaux et les étrangers. A côté de l'armée de ligne, on constituait des milices provinciales par des *levées forcées*. Chaque paroisse devait fournir un certain nombre de miliciens, désignés d'abord par le tirage au sort parmi les indigents. Ces milices, destinées en principe à la garde du territoire, pouvaient cependant être appelées à renforcer l'armée de première ligne.

Les officiers étaient presque tous fournis par la noblesse pauvre.

### ORGANISATION.

*Infanterie.* — L'infanterie comptait des régiments de ligne à deux ou trois bataillons et des bataillons d'infanterie légère.

Le bataillon est l'unité tactique. Il comprend 700 hommes.

La portée efficace du fusil est de 200 mètres.

*Cavalerie.* — Composée d'escadrons de 150 hommes.

*Artillerie.* — Canons de bataillon servis par des hommes des régiments d'infanterie et affectés aux régiments d'infanterie, à raison de deux par bataillon et des pièces de batterie servies par des canonniers.

Portée efficace de 400 à 600 mètres.

Une armée de 60.000 hommes était déjà considérable. La cavalerie y était fortement représentée. Il y avait toujours plus d'escadrons que de bataillons. La proportion d'artillerie était de trois à quatre pièces d'artillerie par 1.000 hommes.

### TACTIQUE.

L'armée étant composée en grande partie de mercenaires, il y avait lieu d'exercer sur eux une surveillance constante et il ne fallait pas songer à l'ordre dispersé. Par ailleurs, il fallait donner à l'adversaire l'impression que l'on disposait d'une force inébranlable et capable de produire un choc irrésistible. D'où la formation serrée en lignes sur plusieurs rangs.

Pour satisfaire aux nécessités de l'ordre serré et de l'utilisation des feux, on avait adopté la formation en bataille sur trois rangs. Les feux se faisaient par bataillon, au commandement.

L'armée était formée en bataille sur deux lignes :

L'*infanterie* au centre, sur deux lignes, à 200 ou 300 pas de distance;

L'*artillerie* dans les intervalles et en avant des bataillons d'infanterie;

La *cavalerie* aux ailes : la grosse cavalerie en première ligne, la légère en deuxième ligne.

Pour que l'armée fût toujours en mesure de se former en bataille, on marchait et on campait dans l'ordre de bataille. Tout l'art réside à conserver à l'armée sa cohésion.

Le souci impérieux de conserver intacte la formation de combat en lignes rigides éloignait l'idée d'occuper des points d'appui tels que bois et villages. On recherchait pour se poster des hauteurs dominantes dépourvues d'obstacles sauf du côté de l'ennemi, et le parti offensif renonçait souvent à l'attaque lorsque les abords de la position étaient de nature à produire la rupture des bataillons déployés.

L'armée marchait à l'ennemi toute d'une pièce. La ligne de l'infanterie s'attache à rester alignée et avance, par suite, très lentement. A 500 mètres, les canons de bataillon ouvrent le feu. A 200 mètres, les mousquets entrent en action par feux de salve au commandement. Dès que la ligne ennemie est désorganisée, l'infanterie se porte à l'assaut et la cavalerie charge pour empêcher l'adversaire de se reformer.

Cette tactique exigeait donc un terrain libre d'obstacles et des troupes très exercées et parfaitement disciplinées. Une affaire importante durait au maximum deux heures.

Un ennemi ainsi posté, incapable de modifier rapidement ses dispositions, présentait deux points très vulnérables : les ailes.

D'où la manœuvre en ordre oblique que Frédéric II érigea en système et qui consistait à attaquer en la débordant une des ailes de l'ennemi.

Pour réussir, il fallait la surprise. Frédéric employait pour cela la compagnie disséminée sur le front avec quelques pièces de canon pour tromper l'adversaire sur le point d'attaque.

Il constitue également une réserve de quelques bataillons et d'un plus grand nombre d'escadrons.

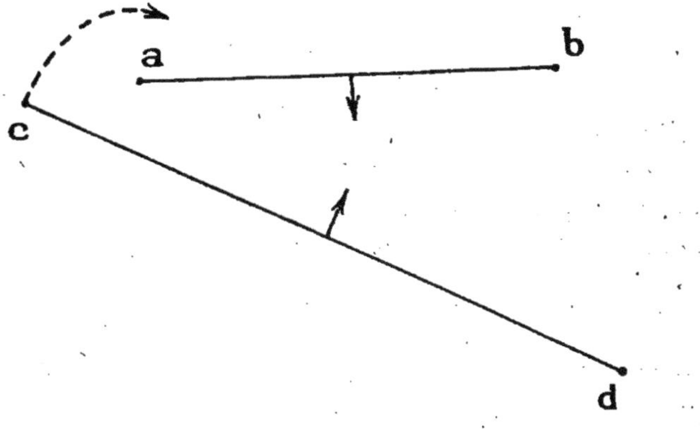


C'est là le premier aperçu du principe de la réserve à la disposition du commandant en chef, soit pour achever la désorganisation de l'ennemi, soit pour parer à un échec.

### RAVITAILLEMENT.

L'armée étant toujours réunie, ne pouvait trouver de vivres en quantité suffisante sur le pays; il fallait, pour pourvoir à sa subsistance, constituer à l'avance des magasins, auxquels l'armée se ravitaillait au moyen de convois de voitures, et, comme les routes sont peu nombreuses et défectueuses, que les convois ne peuvent être illimités, l'armée ne pouvait s'éloigner de ses magasins de plus de quatre ou cinq jours de marche.

Ces magasins ayant besoin d'être gardés, étaient ordinairement dans une place forte. Et, inversement, on ne pouvait laisser derrière soi une place forte, dans la crainte que sa garnison n'enlevât les convois. Les places prirent donc une importance extraordinaire.

### CARACTÈRES GÉNÉRAUX DE LA GUERRE.

Le caractère général de la guerre, au XVIII<sup>e</sup> siècle, était donc la formation préalable en bataille et, par suite, le manque de liberté de mouvement des armées.

Les moyens étaient très limités et les pertes difficilement réparables; aussi, les opérations sont-elles menées avec prudence. On combat pour s'emparer d'une ville, pour dominer une province, et, dès que l'ennemi ne conteste plus la possession convoitée, on ne s'inquiète plus de lui. On ne recherche pas la bataille, et s'il faut la livrer, on s'efforce d'avoir l'avantage de la position.

C'est ainsi qu'on accorde aux positions une importance extrême jusqu'à admettre des positions inattaquables. Il semble que le terrain soit le seul élément à considérer, et on étendit cette théorie du champ de bataille au théâtre de la guerre.

La Révolution française va rendre leur importance aux forces morales.

### III. — Les armées de la première République.

La Révolution vient bouleverser, en France, le principe du recrutement. L'Assemblée nationale supprime les primes d'engagement, le tirage au sort et, par suite, les milices provinciales qu'elle veut remplacer en prescrivant une levée de 100.000 volontaires destinés à marcher avec l'armée de ligne en cas de guerre.

Tous les citoyens de 18 à 50 ans font partie de la garde nationale.

Cependant, on ne tarde pas à s'apercevoir que l'armée de ligne ne se recrute plus. Les jeunes gens préfèrent s'engager dans les bataillons de volontaires, où la discipline est moins sévère et où les grades sont donnés à l'élection.

A la fin de 1792, un grand nombre de volontaires rentrent dans leurs foyers, malgré la continuation de la guerre. La Convention met en réquisition permanente tous les célibataires ou veufs sans enfants de 18 à 40 ans.

Cette levée, dite encore de *volontaires*, fournit à peine 200.000 hommes, dont très peu rejoignirent les armées.

L'armée présentait alors l'aspect d'un assemblage d'éléments disparates, les bataillons de volontaires voisinant avec d'anciennes troupes de ligne plus ou moins désorganisées. La Convention décida la fusion de ces éléments; c'est ce qu'on appela l'*amalgame*.

Cependant, la patrie est en danger, et, en août 1793,

la Convention appela toute la nation aux armes. « Tous les Français sont en réquisition permanente jusqu'à l'expulsion de l étranger du sol de la République. »

Dès lors est posé le principe de l'obligation, pour tous les citoyens, de mettre leur personne et leurs biens à la disposition de la patrie, et la guerre, au lieu d'être une affaire de cabinet ou de dynastie, prend le *caractère national.*

Le principe de la levée en masse, qui ne fut tout d'abord appliqué qu'aux citoyens de 18 à 35 ans, fournit une armée de 450.000 hommes.

Faute de matériel, nos armées renoncèrent à camper et durent *cantonner* ou *bivouaquer*. Faute de voitures et d'argent on dut renoncer à constituer des magasins, et l'armée dut vivre par *réquisition* sur le pays.

Ces principes eurent de suite des conséquences importantes :

1° Il valait mieux vivre sur le pays ennemi que sur la France, d'où le caractère offensif donné aux opérations;

2° Pour vivre facilement, il fallait être divisé, d'où la création des *divisions*, comprenant des troupes de toutes armes, c'est-à-dire pouvant opérer isolément.

Une division comprenait : 12 bataillons d'infanterie, 8 à 12 escadrons de cavalerie, 30 canons; au total, environ 15.000 hommes.

Cinq ou six de ces divisions constituaient une armée chargée d'agir sur un même théâtre d'opérations.

Au point de vue tactique, la composition même des troupes entraîna de profondes modifications. En effet, il ne fallait pas compter obtenir de ces hommes peu instruits de longues marches en ligne, ni l'exécution de feux de salve au commandement. La formation du bataillon en colonne profonde, avec un faible front remplacera l ordre en bataille sur trois rangs. Les recrues étaient ainsi encadrées et entraînées par les anciens, et la colonne se prête mieux au mouvement sur tous les terrains que la ligne déployée. Par contre, elle convient moins aux feux. On employa alors le feu de tirailleurs, genre de combat qui convenait d'ailleurs merveilleusement au tempérament français, parce qu'il donnait à chacun l'occasion de montrer de l'initiative.

Le feu de tirailleurs précédait l'action de la colonne. Lorsque le signal de l'attaque était donné, le plus souvent la colonne se disloquait et se fondait avec la ligne de tirailleurs qu'elle entraînait avec elle à l'assaut. D'où le nom « les tirailleurs en grande bande » que l'on a donné à cette manière de combattre.

A mesure que les soldats s'aguerrissaient et devenaient plus exercés, on put les maintenir en formations serrées. C'est en lançant ses colonnes profondes sur Wattignies que Carnot gagna la bataille. C'est ainsi, aidé par le hasard, comme cela arrive d'ailleurs souvent à la guerre, que Carnot inaugura un nouveau procédé de combat.

C'est une ère nouvelle de la tactique qui commence. Plus de lignes rigides, ni de feux au commandement; plus de positions inattaquables!

Il me paraît donc intéressant de vous dire ici deux mots sur la bataille de Wattignies (15 octobre 1793).

Cobourg fait le siège de Maubeuge. Jourdan, avec 40.000 hommes, reçoit l'ordre de débloquer Maubeuge et se porte sur Avesnes. Cobourg, fidèle à l'ancienne tactique, se porte au-devant de Jourdan et l'attend posté sur une forte position au sud de la place, la droite appuyée à la Sambre, la gauche à Wattignies.

Dans une première journée, Jourdan fait porter

l'effort principal sur le centre, mais les troupes du centre se lancent à l'attaque avant celles des ailes; Cobourg peut ainsi renforcer son centre et l'attaque échoue par suite du manque de liaison.

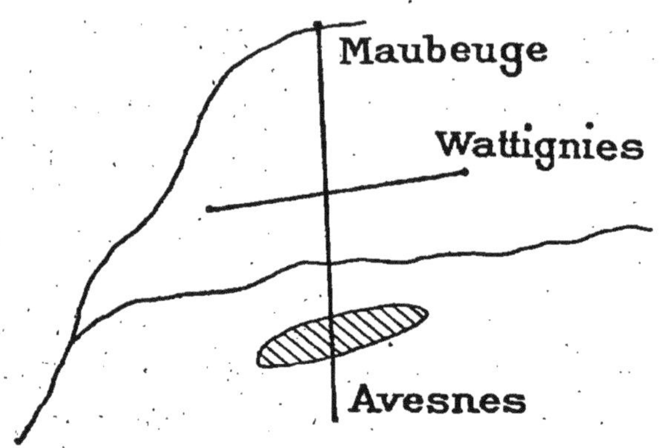


Le lendemain, Carnot prend le commandement. Il décide de faire une fausse attaque sur le centre et de porter l'effort principal sur Wattignies, c'est-à-dire sur l'aile gauche de Cobourg.

Un épais brouillard empêche les Autrichiens de se rendre compte de la concentration des forces devant Wattignies. Les bataillons, couverts par les tirailleurs qui s'embusquent derrière les haies, s'élancent à l'attaque *en colonnes serrées*. La position de Wattignies est enlevée et toute la ligne ennemie, ainsi débordée, tombe. Cobourg se retire et lève le siège de Maubeuge.

Pour la première fois s'établit fortuitement sur le champ de bataille la distinction entre les troupes qui luttent pour faire durer le combat et celles chargées de l'*attaque décisive* sur un point du front.

Cette idée de masser les troupes pour les lancer à l'attaque sur un point choisi à l'avance franchira bientôt les limites du champ de bataille pour s'appliquer à l'ensemble des opérations. Nous y reviendrons tout à l'heure.

Par ailleurs, avec les circonstances qui nous obligèrent à courir sus à l'ennemi qui envahissait la France de toutes parts, avec la *conscription* établie en 1798 qui assurait à l'armée un recrutement sûr et régulier, avec également le tempérament offensif de notre race, le but de la guerre ne fut plus seulement la prise d'une ville ou d'une province, il redevient le but logique : l'anéantissement des forces ennemies dans la bataille!

### IV. — Les guerres du premier Empire.

#### PRINCIPE DE L'ÉCONOMIE DES FORCES.

Bonaparte va mettre en valeur et appliquer ces idées avec une maîtrise incomparable; il en fera les bases d'une doctrine qui régira l'art de la guerre jusqu'à nos jours et avec laquelle les Prussiens nous battront en 1870, parce que nous en aurons méconnu les principes.

Avec lui, tout l'art de la guerre va consister en une combinaison de forces et de mouvements; il n'attendra pas l'ennemi sur une position bien retranchée; il ira le chercher là où il se trouve et surtout là où les conséquences de la bataille seront les plus considérables; il ne perdra pas son temps à faire le siège des places, elles tomberont d'elles-mêmes quand l'armée ennemie sera battue. Le génie de Napoléon a consisté à savoir choisir le moment et le point où il fallait frapper. Mais comme l'ennemi est partout, il faut pouvoir conserver sa liberté d'action et nous arrivons ainsi à l'un des principes fondamentaux de la doctrine : le principe de *l'économie des forces*, que l'Empereur appliqua aussi bien à la répartition des forces sur les divers théâtres d'opérations que sur le champ de bataille même.

Ce principe peut s'exprimer ainsi : *maintenir l'ennemi partout avec les moyens strictement suffisants de façon à pouvoir agir avec des forces supérieures en un point.*

Bonaparte l'appliqua dès sa première campagne, en 1796, en Italie. Ce fut comme une révélation, un bouleversement des lois de la guerre. Aussi, nous allons voir rapidement les faits qui illustrèrent la première partie de cette campagne.

Rappelons d'abord en quelques mots la situation générale. Les forces alliées comprennent quatre armées : deux en Allemagne, deux en Italie.

Les forces françaises sont également réparties en quatre armées : l'armée du Rhin, l'armée de Sambre-et-Meuse, l'armée des Alpes et l'armée d'Italie.

Pour les deux partis, l'Allemagne est considérée comme le théâtre principal des opérations.

Le génie de Bonaparte va changer la face des choses et faire de l'Italie le théâtre décisif.

Au printemps 1796, la situation en Italie est la suivante :

Les alliés (80.000 hommes) sont répartis en deux masses : les Autrichiens, sous Beaulieu, gardent les revers des Apennins, au sud d'Alexandrie; les Sardes, sous Colli, gardent la vallée du Tanaro, à Ceva.

L'armée française (40.000 hommes) comprenait quatre divisions : Masséna, Augereau, Laharpe et Serrurier. Ce dernier surveille les Sardes; les trois autres sont répartis le long de la côte, autour de Savone.

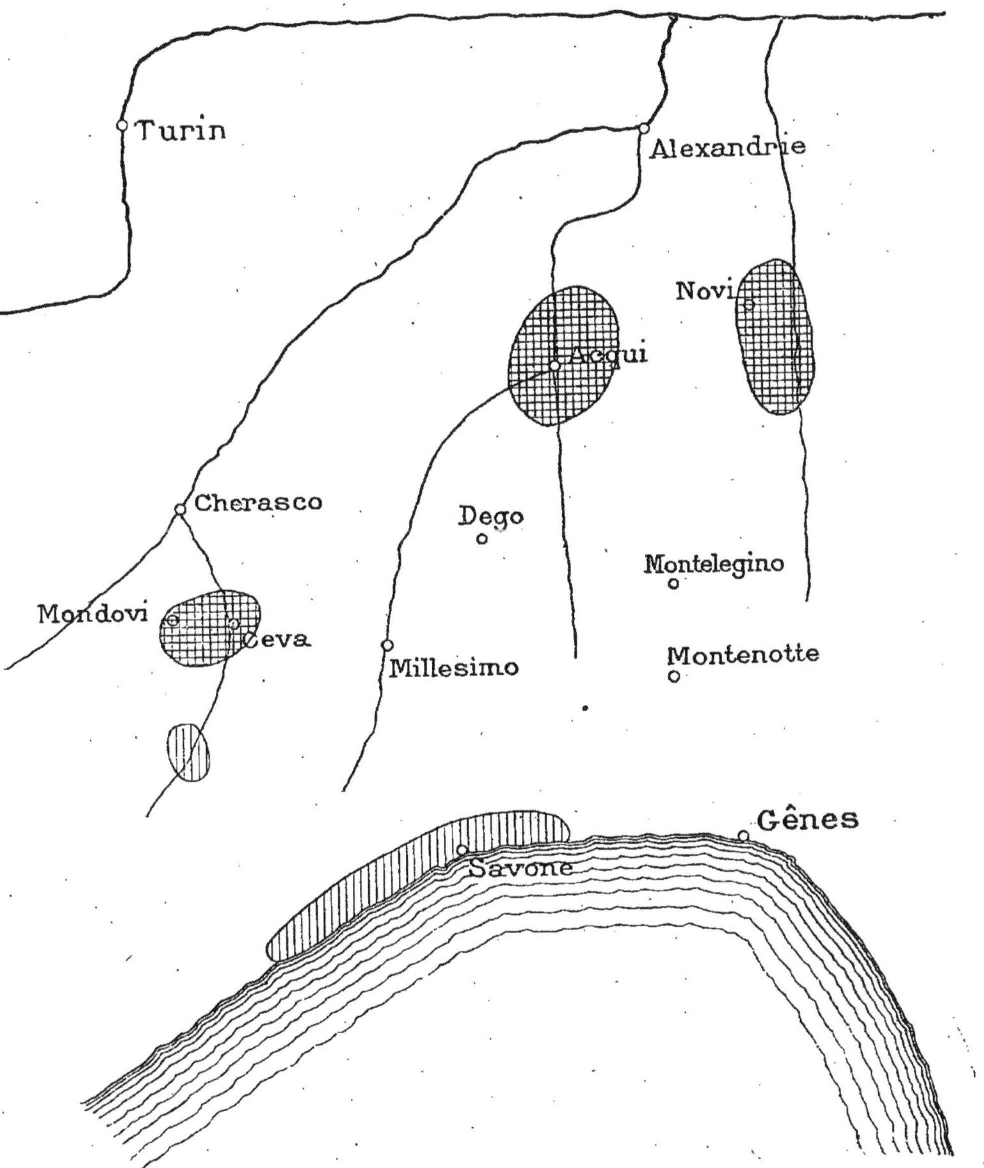
Turin
Alexandrie
Novi
Acqui
Cherasco
Dego
Montelegino
Mondovi
Ceva
Millesimo
Montenotte
Gênes
Savone

Le plan de Bonaparte consiste à séparer les alliés pour les battre séparément.

Il menace d'occuper Gênes. Beaulieu, averti, se hâte de marcher au secours de la ville, tandis qu'il donne l'ordre à Argenteau de marcher sur Savone pour prendre l'armée française en flanc.

C'est justement ce que désirait Bonaparte. L'ennemi est divisé en trois masses. Nous allons voir Bonaparte jouer merveilleusement de ses quatre divisions. Laissant le minimum de forces (au plus une division) devant l'ennemi qu'il ne veut pas combattre, il se précipitera avec le reste sur la masse ennemie qu'il a l'intention de battre. Non seulement il s'arrange pour avoir toujours ainsi la supériorité des forces sur le champ de bataille, mais, par la rapidité de ses mouvements, il se donne également l'avantage de la surprise. Voilà bien la combinaison des forces et des mouvements.

Voyons les faits.

Le 11 avril, Argenteau se heurte aux redoutes de Montelegino, tandis que Beaulieu attaque Laharpe à Voltri. Bonaparte laisse la moitié de la division Laharpe devant Beaulieu et court avec Masséna et Augereau au devant d'Argenteau, qui est mis en déroute le 12 à Montenotte.

Le 13, il envoie Augereau sur les Piémontais, qui sont battus le 14 à Millesimo, pendant que Bon, avec les divisions Masséna et Laharpe, bat les Autrichiens à Dégo. Ceux-ci, démoralisés, se retirent sur Acqui. Ainsi, en trois jours, les forces ennemies sont définitivement séparées et invitées par la force des choses à se retirer dans deux directions différentes, les Piémontais sur Turin, les Autrichiens sur Milan.

Bon, laissant Laharpe observer les Autrichiens, se tourne vers les Sardes, avec Augereau, Masséna et

Serrurier. Le 17, il les force à évacuer leur camp de Ceva, les poursuit et les bat à Mondovi et marche sur Cherasco. Le roi de Sardaigne, effrayé, se hâte de conclure un armistice.

En dix-huit jours, Bonaparte a ainsi mis hors de lutte l'un des adversaires. Ce n'était pas le plus important, mais c'était celui qu'il fallait briser tout d'abord parce qu'il tenait nos voies de communication. Dégagé de tout souci de ce côté, Bonaparte pourra poursuivre la lutte contre les Autrichiens.

Nous venons de voir un exemple caractéristique du principe de l'économie des forces appliqué à l'ensemble des opérations; nous allons examiner maintenant rapidement l'application sur le champ de bataille, c'est-à-dire le développement donné par Napoléon à l'attaque décisive que nous avons vu pour la première fois faite fortuitement à Wattignies.

Deux batailles sont typiques à ce point de vue : Austerlitz, par le choix judicieux du point où l'attaque est prononcée; Wagram par la puissance des moyens employés.

Je n'ai pas l'intention de vous décrire en détail ici ces deux batailles. Nous allons les étudier simplement au point de vue particulier qui nous intéresse.

*Austerlitz* (2 décembre 1805). — Après la victoire d'Ulm, l'empereur a poursuivi les Autrichiens le long du Danube et est entré à leur suite à Vienne. L'armée autrichienne désorganisée s'est rassemblée à Olmütz, où elle a été rejointe par l'armée russe, en tout 90.000 hommes environ.

L'armée française, affaiblie par les détachements qu'il a fallu laisser en arrière pour garder l'énorme ligne de communication, n'est plus en état de prendre l'offensive avec avantage. L'Empereur concentre ra-

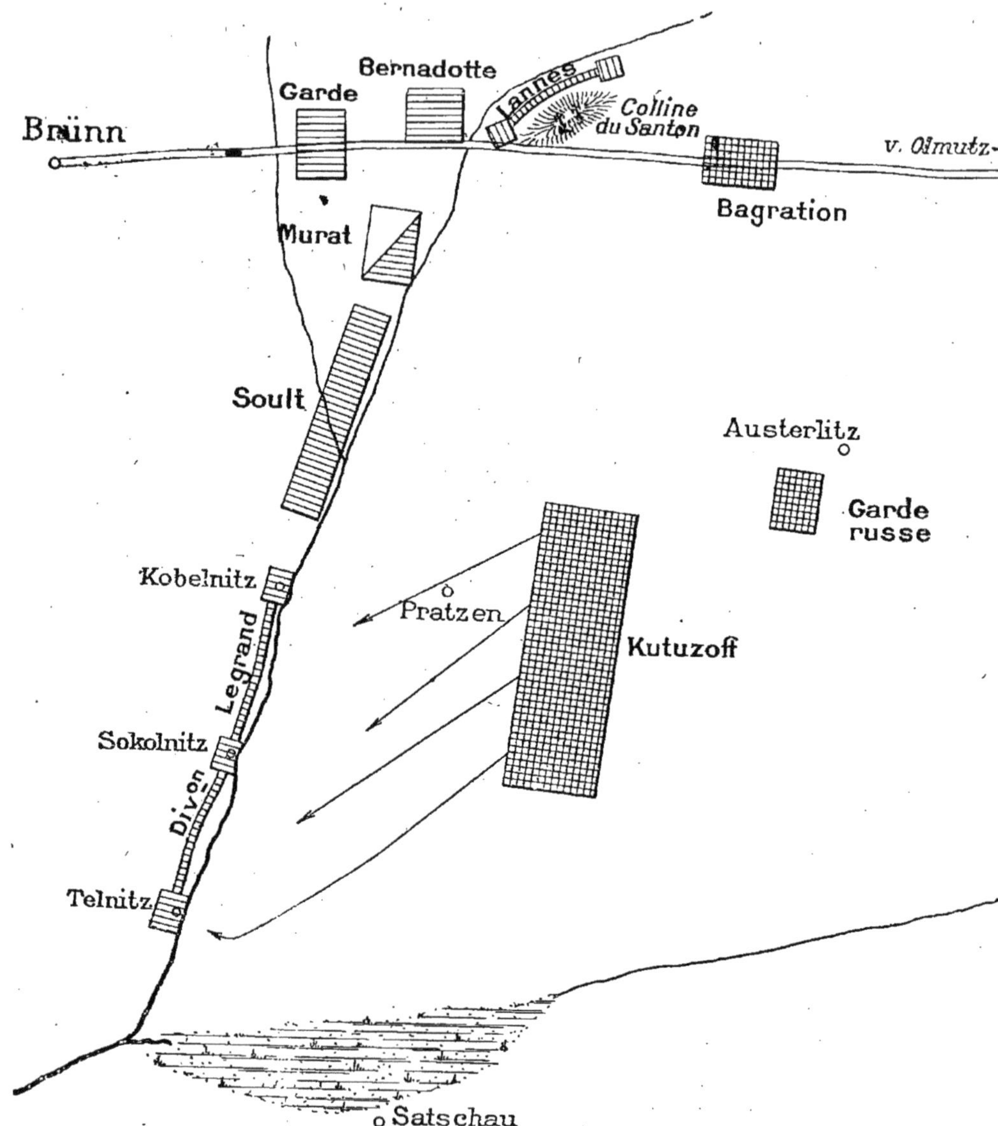
Brünn
Garde
Bernadotte
Lannes
Colline
du Santon
v. Olmutz
Bagration
Murat
Soult
Austerlitz
Garde
russe
Kobelnitz
Pratzen
Kutuzoff
Legrand
Sokolnitz
Divon
Telnitz
Satschau

pidement 80.000 hommes dans la région de Brünn, derrière le ruisseau de Bosenitz, à cheval sur la route de Brünn à Olmütz. (Croquis.)

Le 1er décembre, la situation est la suivante : le gros des forces ennemies est installé sur le plateau de Pratzen; à droite, un corps marche sur Brünn; en arrière du centre, la garde russe forme réserve vers Austerlitz. Le plan des alliés est de marcher en quatre colonnes sur Tellnitz et Sokolnitz, afin de couper l'armée française de Vienne.

L'Empereur a prévu ce plan; il va tout faire pour le laisser exécuter jusqu'au moment où il pourra frapper le coup décisif. Connaissant admirablement le terrain, il sait que les Russes auront les plus grandes difficultés à se mouvoir quand ils seront engagés dans la région marécageuse qui borde les étangs de Satschau. Son plan est le suivant :

Laisser les colonnes ennemies s'avancer sur Telnitz. Quand elles seront bien engagées dans les bas-fonds, lancer alors le gros de ses forces sur le plateau de Pratzen, de façon à couper l'armée ennemie en deux et se rabattre ensuite vers le sud pour détruire les forces immobilisées dans les marécages.

Pour encourager l'ennemi à persister dans ses intentions, Napoléon n'hésite pas, non seulement à ne laisser devant le gros des forces ennemies qui va attaquer Telnitz, qu'une seule division, mais encore il lui donne l'ordre de se replier en combattant dans la direction de Vienne!

Ce plan est hardi, plein d'audace; il risque de démoraliser l'armée qui, au premier moment, se croira battue. Aussi, l'Empereur parcourt-il tous les bivouacs pour expliquer la manœuvre aux troupes et exalter leur moral.

Les dispositions prises sont les suivantes :

*A droite*, entre Telnitz et Kobelnitz, une seule division, la division Morand, est chargée de contenir l'ennemi;

*Au centre*, entre Kobelnitz et la route d'Olmütz, le corps d'armée de Soult est chargé de l'attaque sur le plateau de Pratzen;

*A gauche*, le corps d'armée de Lannes, appuyé au Santon, petite colline que l'Empereur a fait fortifier et où il a installé une forte artillerie, est chargé de contenir l'aile droite ennemie.

Enfin, *en arrière*, entre Soult et Lannes, l'Empereur a massé sa réserve chargée de l'attaque décisive. Elle est constituée par : le corps d'armée Bernadotte; toute la cavalerie, aux ordres de Murat; enfin, la Garde.

Voyons rapidement les faits :

L'action commence à 7 heures, vers Telnitz. A 8 h. 30 les colonnes russes sont presque complètement engagées dans les bas-fonds. Napoléon lance Soult à l'assaut du plateau de Pratzen. Les arrière-gardes russes sont impuissantes à arrêter l'attaque; la Garde russe est lancée en avant. C'est la dernière réserve de l'ennemi. L'Empereur lance alors la cavalerie de Murat et Bernadotte. Le centre russe est enfoncé et rejeté en désordre sur Austerlitz. Soult se rabat alors vers le sud. Les Russes, pris entre deux feux, se jettent sur les digues et les chaussées de Satschau. La plupart essaient de s'enfuir sur la glace qui est rompue à coups de canon. Presque tous les Russes sont pris ou noyés. L'armée ennemie s'enfuit en désordre, laissant 15.000 tués et 20.000 prisonniers!

Quelle brillante application du principe de l'économie des forces!

Devant l'attaque ennemie, Napoléon ne laisse qu'une division, tandis qu'il garde à sa disposition les trois quarts de ses forces pour frapper le coup décisif au moment et au point qu'il choisira lui-même!

*Bataille de Wagram* (5-6 juillet). — La première journée fut employée à déployer l'armée qui venait de passer le Danube sur le front Aspern-Glinzendorff, face à l'armée autrichienne (croquis). Cependant, à la

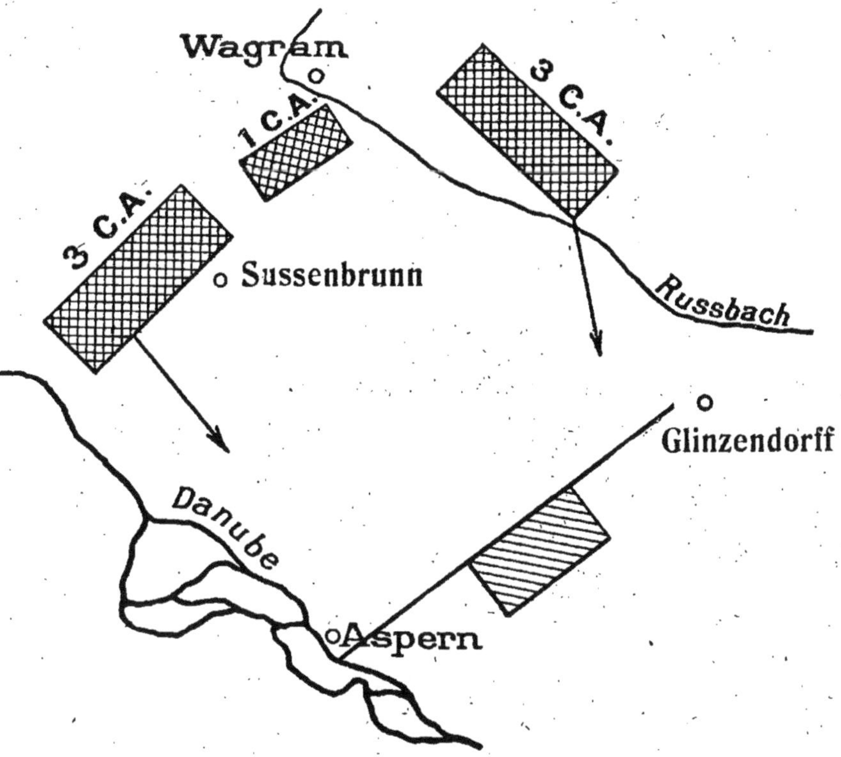


fin de la journée, l'Empereur voulut obtenir la décision avant l'arrivée des renforts autrichiens et lança une attaque sur Wagram qui échoua.

Le lendemain, il résolut de recommencer l'attaque et, en conséquence, concentra ses forces sur le centre, ne laissant qu'une division à Aspern pour garder les ponts.

Mais, dans le même temps, l'archiduc Charles a décidé de passer à l'offensive par les deux ailes, de sorte qu'à 10 heures du matin la situation est critique, car l'armée autrichienne approche d'Aspern et menace de nous couper le Danube.

Pour rétablir la situation, l'Empereur lance contre l'aile droite ennemie Masséna, appuyé par toute la cavalerie et une batterie de 100 pièces de canon sous Drouot, tandis que Davout et Oudinot sont chargés de refouler l'aile gauche ennemie. A midi, l'action de Davout se poursuit avec succès et Napoléon déclanche l'attaque décisive sur le centre ennemi. Il lance sur Süssenbrunn la colonne Macdonald, vaste

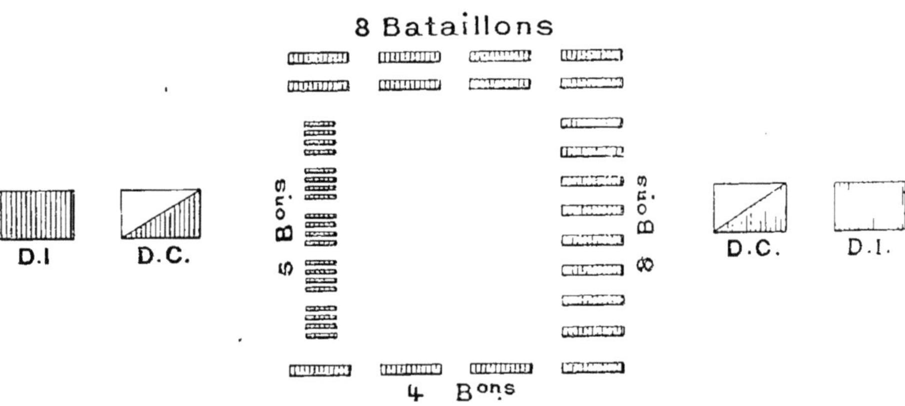


carré de 1.000 mètres de côté constitué de vingt-cinq bataillons. En tête, huit bataillons déployés sur deux lignes; à gauche, cinq bataillons en colonne serrée; à droite huit bataillons en colonne; en arrière, quatre bataillons déployés. Cette énorme colonne est flanquée aux deux ailes par une division de cavalerie.

Cette attaque doit être prolongée sur chaque aile par une division d'infanterie et en arrière suivent, comme soutiens : une division d'infanterie, le corps d'armée Marmont et la Garde.

Cette colonne enfonce le centre ennemi en faisant des pertes énormes, mais le résultat est atteint. Les Autrichiens battent en retraite.

Cette victoire est intéressante à plusieurs points de vue :

1° *Choix du point* sur lequel est lancée l'attaque décisive : le centre ennemi, parce que c'est là où l'ennemi offre la moindre résistance (un corps d'armée, tandis que les deux ailes sont fortes chacune de trois corps d'armée);

2° *Constitution de la masse d'attaque* formidable, mais qui peut s'expliquer d'une part par les difficultés rencontrées la veille et dans la matinée, et d'autre part par la nécessité de gagner la bataille avant l'arrivée de l'archiduc Jean, qui approche du champ de bataille;

3° *Constitution d'une masse d'artillerie* pour compenser la faiblesse en infanterie sur un point et appuyer l'attaque décisive. Première idée du rôle important que jouera plus tard la réserve générale d'artillerie;

4° Enfin, il y a lieu d'admirer la prodigieuse force d'âme que déploya l'Empereur pour conduire à bonne fin l'exécution de son plan, malgré les événements qui avaient tout d'abord gravement compromis la situation. Malgré tout, il conserve les troupes qui lui sont nécessaires pour l'attaque décisive et il ne les lance qu'au moment favorable.

Ce dernier point est d'ailleurs une des conditions essentielles du succès et je ne peux mieux vous le montrer qu'en vous citant l'exemple de Waterloo où Ney, lançant prématurément et sans ordre toute la cavalerie sur le mont Saint-Jean, la fit décimer sans résultat et priva ainsi l'Empereur d'une réserve importante qui, quelques heures plus tard, aurait pu jouer un rôle capital.

### CONSIDÉRATIONS GÉNÉRALES.

Les modifications apportées par Napoléon dans l'art de la guerre entraînèrent une nouvelle organisation de l'armée.

D'une part, il fallut donner aux corps de troupe qui parcouraient l'Europe en tous sens, non seulement les moyens de combattre, mais encore ceux de pourvoir à leurs besoins.

D'autre part, vous concevez que l'obligation de coordonner les actions de forces importantes sur plusieurs théâtres d'opérations et même sur le champ de bataille ne s'accordait plus avec le système divisionnaire. Il fallait des intermédiaires entre le général en chef et les divisions, et il n'en fallait qu'un petit nombre. Napoléon lui-même a dit : « La limite des facultés humaines est telle qu'il n'est donné à aucun général de commander sur un même théâtre d'opérations à plus de cinq unités distinctes. » C'est ainsi qu'il fut amené à créer les corps d'armée, qui firent leur première apparition en 1800, mais ne reçurent l'organisation définitive qu'ils ont d'ailleurs gardée jusqu'à maintenant qu'en 1804, au Camp de Boulogne.

Le caractère général de la bataille napoléonienne peut se résumer ainsi :

Le combat est mené à la fois par le feu et par le

mouvement, jusqu'à ce que l'ennemi soit désorganisé sur le point où le chef a décidé, à l'avance, de prononcer l'attaque décisive, assaut qui est exécuté par une masse constituée dès le début et conservée précieusement en réserve jusqu'au moment jugé opportun.

Pratiquement, cela se traduit par les règles suivantes :

1° Répartition inégale des forces sur le front, proportionnellement au but que l'on se propose d'atteindre sur les différents points;

2° Constitution d'une masse de réserve composée d'infanterie et de cavalerie à la disposition du général en chef;

3° Emploi de l'artillerie en masse, soit pour préparer et appuyer l'attaque décisive, soit pour compenser la faiblesse d'infanterie en un point.

Tels sont les procédés de combat créés par le génie de Napoléon.

Ses adversaires, d'abord déconcertés, finirent par se rendre compte de la valeur de cette nouvelle tactique. Déjà, en 1809, nous avons vu l'archiduc Charles opposer par ses manœuvres de sérieuses difficultés à Napoléon; plus tard, en 1813, le roi de Prusse Frédéric-Guillaume, le père de Guillaume Ier, écrivait :

« Faisons comme Napoléon; il faut ménager les forces et nourrir le combat jusqu'à ce que nous passions à l'attaque principale. Puis, lorsque l'attaque principale se produit, il faut la pousser très vigoureusement avec une grande masse d'infanterie et d'artillerie. »

## V. — De 1815 à 1870.

A la chute de l'Empire, tout le monde est las de la guerre. En 1815, la Restauration licencie une partie de l'armée et abolit la conscription, qui fut d'ailleurs rétablie en 1832, mais avec le remplacement et l'exonération. La durée du service était de sept ans, ce qui nous donna une armée de métier dont la bravoure et la solidité furent mises en relief en Algérie et sur les champs de bataille de Crimée et d'Italie.

Malheureusement, si ces guerres montrèrent que le soldat français n'avait rien perdu de ses qualités guerrières, elles ne firent que nuire à la science militaire de nos officiers qui, trompés par le caractère spécial des guerres d'Algérie, s'éloignèrent de l'étude de l'histoire et finirent par croire que rien ne pouvait résister à l'assaut d'une troupe française.

Les longues luttes d'Algérie, qui durèrent de 1830 à 1870, n'ont, en effet, mis nos troupes aux prises qu'avec des troupes certes très courageuses, mais mal armées, composées *principalement de cavalerie* et n'ayant pas d'artillerie. Contre un tel adversaire, le procédé habituel de combat fut la formation en carré, qu'on adopta même pour les grandes unités, afin de protéger les convois. De là vinrent les formations en losange ou en tête de porc, qui devinrent les formations habituelles de marche et de combat. On abandonna presque complètement l'emploi rationnel des tirailleurs, qui utilisent si parfaitement l'esprit d'initiative du soldat français, et on lui substitua les formations serrées.

Ces luttes avaient rendu nos troupes très aptes au combat, mais elles leur avaient laissé croire que, dans le combat, le courage et l'audace suffisent.

La bataille de Solférino, qui mit fin à la guerre d'Italie, en 1859, est typique à ce point de vue.

On ne se fait pas éclairer par la cavalerie. On ne s'attend donc pas au combat. C'est une véritable bataille de rencontre qui s'engage ainsi le 24 juin, et les attaques sont assez décousues. C'est une attaque combinée de trois corps d'armée sur la tour de Solférino, où se trouve le centre ennemi, qui décide de la journée. Cette attaque n'est pas préparée par l'artillerie; l'ennemi n'est pas usé; mais nos troupes apportent un tel entrain offensif, qu'elles brisent quand même la résistance de l'ennemi. Il n'a pas été question de succession d'efforts; la bataille a consisté uniquement en l'attaque décisive lancée presque dès le début de l'action et dans laquelle on a engagé même la dernière réserve. C'est le soldat qui a gagné la bataille; ce n'est pas le général!

Et cependant, l'armement avait fait des progrès. Le principe des rayures, appliqué aux armes à feu, avait augmenté considérablement leur précision et leur portée. Pour une fois, l'armement n'eut aucune influence sur la tactique, du moins chez nous.

### VI. — Principe de la sûreté.

Les guerres d'Algérie eurent une autre conséquence.

Les Arabes attaquant inopinément toute troupe isolée, on en vint à considérer comme dangereusement exposé tout détachement éloigné du gros. D'où la suppression des organes de sûreté détachés à une distance du gros suffisante pour qu'ils puissent remplir leur rôle.

Nous sommes conduits à un autre principe fondamental de la tactique, le *principe de la sûreté*.

La sûreté a pour but :

1° De permettre au commandement de conserver sa liberté d'action, c'est-à-dire de lui donner le temps et l'espace dont il a besoin pour prendre ses dispositions;

2° De mettre les troupes en marche ou en station à l'abri des surprises, par le feu d'abord, par l'attaque ensuite.

Nous allons voir, par quelques exemples de la guerre de 1870, les conséquences funestes de la méconnaissance de ces principes.

## SÛRETÉ EN MARCHE.

Une colonne en marche se couvre par des détachements portés dans les directions dangereuses. Leur distance du gros de la colonne et leur force doivent être telles qu'en cas de rencontre avec l'ennemi :

1° Ils laissent au commandant le temps et l'espace nécessaires pour prendre ses dispositions soit pour engager le combat, soit pour l'éviter;

2° Ils offrent par eux-mêmes une résistance suffisante soit pour pouvoir être soutenus à temps par le gros, soit pour laisser à celui-ci le temps nécessaire à son écoulement.

Ces détachements portent le nom d'avant-garde, flanc-garde, arrière-garde.

Le 5 août, le 5e corps d'armée, rassemblé à Bitche, commandé par le général de Failly, a été mis sous les ordres du maréchal de Mac-Mahon qui commandait l'armée d'Alsace. Celle-ci venait d'être bousculée le 4 à Wissembourg et s'était repliée sur Frœschwiller. Mac-Mahon appelle à lui le 5e corps d'armée. Le général de Failly n'étant pas couvert, apprend par les paysans que la cavalerie ennemie a été vue dans les environs. Il craint une attaque et croit bon de maintenir une partie de son corps dans la région de Bitche et n'envoie, le 6 au matin, au maréchal de Mac-Mahon, qu'une division (Guyot de Lesparre). Mais celle-ci, suivant les errements du jour, ne se couvre pas; l'avant-garde marche à quelque cent mètres de la colonne, qui a à traverser la région boisée du Hardt.

Le canon de Frœschwiller, les racontars des paysans laissent croire au général qu'il est entouré d'ennemis. A chaque carrefour, il arrête la colonne pour envoyer des reconnaissances à droite et à gauche. Bref, il marche avec une telle lenteur qu'elle n'arrive que dans la soirée à Niederbronn pour recueillir les débris de l'armée d'Alsace battue à Frœschwiller.

D'ailleurs, ces errements sont bien le résultat du manque d'éducation militaire de l'armée française en 1870, car ils furent suivis, le même jour, par un autre général appelé sur un autre champ de bataille. En effet, la division Castagny, ayant reçu l'ordre de se porter sur Forbach au secours du 2e corps, perdit son temps en marches et contre-marches, entremêlées même de déploiements sur les positions avantageuses qu'elle trouvait sur son chemin, de sorte qu'elle arriva à 9 heures du soir à Forbach, pour voir battre en retraite le 2e corps d'armée, qui venait d'être battu à Spickeren.

### SÛRETÉ EN STATION.

Les détachements de sûreté portent ici le nom d'avant-postes. Leur rôle consiste à mettre la troupe stationnée à l'abri de toute surprise et à résister à toute attaque le temps suffisant pour permettre au commandant de prendre ses dispositions. Ils seront donc installés sur une ligne de *résistance* choisie principalement d'après les ressources offertes par le terrain.

En 1870, nos troupes ne se gardaient pas plus en station qu'en marche. La surprise de Beaumont en reste un exemple typique.

En septembre 1870, l'armée de Châlons était en marche sur Sedan. Le 5e corps d'armée stationnait, le 30 août, à Beaumont. Les camps avaient été établis aux abords mêmes du village, au fond d'une cuvette bordée vers le sud, à moins de trois kilomètres, par les bois de Dieulet. Les grand'gardes n'étaient éloignées des bivouacs que de quelques centaines de mètres, comme dans les guerres d'Afrique. Aucune reconnaissance n'avait été envoyée au delà des bois dans la direction de Nouart, où l'on s'était cependant la veille heurté à des forces importantes.

L'ordre de départ avait été fixé à 1 heure. A midi et demi, l'artillerie prussienne débouchait des bois et ouvrait le feu à moins de 1.500 mètres des bivouacs du 5e corps d'armée. Les bivouacs préparaient la soupe, les chevaux étaient à l'abreuvoir.

Ainsi, non seulement rien ne s'était opposé à l'installation des batteries ennemies, mais même personne ne les avait vues arriver. La surprise fut complète.

Nous nous bornerons, ici, à ces exemples. Vous verrez, dans une prochaine conférence, que si, en tactique, nous avions oublié, en 1870, les principes mis en lumière par Napoléon pour revenir à la guerre de position, les Prussiens, eux, les avaient étudiés à fond et avaient donné à leur armée une organisation qui leur permit de les appliquer.

## VII. — De 1870 à 1920.

La tactique actuelle et l'organisation de l'armée devant être étudiées en détail, il ne sera question ici que de considérations générales.

Les cruelles leçons de 1870 ne furent pas oubliées. L'Assemblée nationale se mit de suite à l'œuvre et s'efforça de réorganiser l'armée.

L'armée de 1870 était une armée de métier, mais éloignée de la nation, et dont les réserves étaient pour ainsi dire inexistantes. La loi de 1872 posa le principe du service obligatoire et du recrutement régional.

D'autre part, l'organisation du temps de paix ne correspondait pas à celle du temps de guerre. Le commandement des grandes unités était créé de toutes pièces à la mobilisation et les corps recevaient leurs éléments de complément de tous les coins de la France. La loi de 1873 posa en principe la constitution permanente des grandes unités (brigades, D. I., C. A.) dotées dès le temps de paix du commandement de tous les services et du matériel nécessaire pour pouvoir entrer en campagne dans le plus bref délai, en passant du pied de paix au pied de guerre par un simple accroissement d'effectif.

La conséquence fut la division du territoire en régions, ayant pour but de grouper dans une même région toutes les forces actives placées sous un même commandement supérieur. A chaque région fut affecté un corps d'armée qui en tire, à la mobilisation, les hommes et le matériel qui lui sont nécessaires.

Enfin, la loi des cadres de 1875 compléta l'œuvre en fixant le nombre et l'organisation spéciale de chaque corps de troupe et en précisant l'effectif minimum de chaque corps.

Les bases ainsi posées ne furent modifiées que pour s'adapter d'une part à l'évolution sociale, d'autre part aux perfectionnements apportés à l'armement. On s'efforça de réduire les charges militaires; en 1889, le service militaire fut abaissé à trois ans; en 1905 à deux ans.

Cependant, devant l'augmentation considérable des effectifs de l'armée allemande, on reconnut en 1913 la nécessité de revenir au service de trois ans. C'était en effet la seule manière d'augmenter la force effective de l'armée active, la seule toujours en état d'entrer immédiatement en campagne, par conséquent la seule capable de jouer vis-à-vis du pays le rôle des avant-postes vis-à-vis d'une armée, c'est-à-dire d'assurer la couverture du pays, en lui donnant le temps de concentrer ses réserves et de mobiliser toutes ses ressources.

Ce sont ces lois qui nous fournirent l'armée de 1914.

D'autre part, nous nous étions remis de plein cœur à l'étude, et, si les lois avaient organisé l'armée et le commandement, tous les chefs avaient travaillé et étaient empreints de la même doctrine, puisée dans l'étude des guerres de Napoléon et de 1870. Certes, la tactique comme toujours avait évolué avec les perfectionnements apportés à l'armement; le fusil 86 et le canon de 75, armes de précision à tir rapide, avaient apporté de profondes modifications dans les procédés de combat. C'est avec eux que nous remportâmes les victoires de la Marne et de l'Yser. Véritables victoires, car la volonté de l'adversaire y fut brisée. Malheureusement, notre manque de matériel nous empêcha de les achever et nous dûmes subir une nouvelle guerre.

A la guerre de mouvement, succéda la guerre de tranchées, qui nécessita un armement nouveau, une tactique nouvelle, et, par suite, entraîna une nouvelle organisation, qui a été étudiée d'autre part.

On s'est efforcé, dans cette conférence, de faire ressortir au moyen d'exemples puisés dans l'histoire les grands principes de la tactique.

Le but de la guerre a toujours été de briser la force morale de l'adversaire.

Le moyen le plus simple pour y arriver, c'est la bataille. Et, dans la bataille, on cherche la victoire, toujours par un choc brutal, irrésistible : l'assaut, dont les effets seront d'autant plus grands qu'ils seront exécutés par des moyens plus puissants, au moment le plus inattendu, sur le point le plus favorable.

La victoire est achevée par la poursuite, poussée jusqu'à l'extrême limite des forces. Le grand art consiste à savoir discerner le point où il faut frapper et le moment où il faut lancer la masse d'attaque.

Nous avons vu que Napoléon affectait le maximum de forces à l'attaque principale, le minimum aux opérations secondaires, chargées de garantir et de préparer cette attaque. Il a ainsi mis merveilleusement en lumière le principe fondamental de l'économie des forces.

Le principe de la sûreté, dont nous avons vu la nécessité, n'en est en somme qu'une application, puisque, par l'emploi judicieux de petits détachements, il permet au chef de toute unité de conserver sa liberté d'action.

Les principes de la guerre ont donc eux-mêmes peu changé. Seule, la manière de les appliquer varie, et c'est en cela que consiste l'art de la guerre. Si nos armées ont été victorieuses en Algérie et en Italie, c'est parce qu'elles n'ont trouvé devant elles que des adversaires encore moins instruits dans l'art militaire. Elles ont été battues dès qu'elles ont eu à combattre un ennemi imprégné de la doctrine napoléonienne. Enfin, nous avons retrouvé la victoire dans l'application des principes immuables de la guerre.

Par ses victoires éclatantes de 1866 et de 1870, l'armée prussienne s'était classée la première de l'Europe, et cependant c'était la seule qui n'avait pas fait la guerre depuis 1815. Mais, depuis 1806, les Prussiens s'étaient mis à étudier la façon de combattre de Napoléon et ils n'avaient fait qu'appliquer les principes de ce maître incomparable. La science acquise en puisant dans l'histoire les leçons de l'expérience était donc supérieure à l'expérience acquise sur les champs de bataille. Il ne peut, en effet, y avoir de véritable enseignement que celui qui dérive de la méthode historique; c'est la seule qui donne une idée juste de la guerre, parce que c'est la seule qui tienne compte de son côté philosophique, c'est-à-dire des facteurs moraux qui échappent à l'analyse et qui, cependant, sont plus importants que tout autre à la guerre.

L'étude des événements de 1914-1918, qui fera l'objet d'une conférence ultérieure, apportera donc des éléments nouveaux à la science militaire, qui, comme toujours, devra s'adapter aux nouveaux armements et aux nouvelles conditions sociales.

Il est donc probable que l'armée de demain différera sensiblement de celle d'aujourd'hui. Il est difficile d'en donner une idée. Cependant, on peut entrevoir que, pour diminuer les charges militaires, on sera amené, d'une part, à donner de plus en plus d'importance au matériel : artillerie, aviation, chars de combat; d'autre part, à apporter le plus grand soin au recrutement et à la formation des cadres.

Dans l'avenir, comme dans le passé, l'étude de l'histoire facilitera l'application de ces principes dans les diverses circonstances; mais l'instrument ne pourra être utilement employé que si, dès le temps de paix, il est forgé d'après les considérations suivantes :

1° Assurer la permanence de la défense du territoire;

2° Permettre dans de bonnes conditions l'instruction des hommes et des cadres;

3° Faciliter la mobilisation.

Ce sont là les bases indispensables à l'organisation d'une armée qui tient à remplir sa mission, qui est avant tout d'assurer la sécurité et l'indépendance de la patrie.



---

PARIS ET LIMOGES. — IMP. MILITAIRE CHARLES-LAVAUZELLE ET Cie.

Imprimerie militaire
CHARLES-LAVAUZELLE & Cie
PARIS ET LIMOGES

www.ingramcontent.com/pod-product-compliance
Ingram Content Group UK Ltd.
Pitfield, Milton Keynes, MK11 3LW, UK
UKHW021533260726
13993UKWH00004B/1979